insel taschenbuch 4885
Susanne Walter
Der heiterste Mai Tai der Welt

Der heiterste Mai Tai der Welt versammelt in 50 Rezepten eine abwechslungsreiche, raffinierte Auswahl von Cocktails und Drinks, die auf jeder *Frühstück bei Tiffany*-Party Eindruck schinden würden.

Susanne Walter, geboren in Baden-Württemberg, absolvierte ihre Ausbildung zur Köchin bei Jean-Claude Bourgueil im *Schiffchen* in Düsseldorf, bevor sie in Belgien internationale Gastronomie-Erfahrung sammelte. Zurück in Deutschland, kochte sie mit Eckart Witzigmann für den *Feinschmecker* und gründete ein Catering-Unternehmen. Sie ist zudem als Foodstylistin, Rezept- und Buchautorin tätig. Susanne Walter wohnt in Hamburg.

Susanne Walter

Der heiterste Mai Tai der Welt

50 Cocktail-Klassiker
und wie sie immer gelingen
Illustrationen von Ruth McCrea

Insel Verlag

Erste Auflage 2021
insel taschenbuch 4885
© Insel Verlag Berlin 2021
Vertrieb durch den Suhrkamp Taschenbuch Verlag
Umschlag: Schimmelpenninck.Gestaltung, Berlin
Umschlagillustrationen: Maggie Jarvis
Druck: Memminger MedienCentrum AG
Bindung: Conzella Verlagsbuchbinderei GmbH & Co KG,
Aschheim-Dornach
Printed in Germany
ISBN 978-3-458-68185-4

Der heiterste Mai Tai der Welt

Liebe Leserinnen und Leser!

Vielleicht sind Sie ja gerade genauso entzückt wie ich, als ich dieses Cocktailbuch in einem amerikanischen Vintageladen entdeckte. Es erschien nämlich schon einmal, in den fünfziger Jahren. Im Verlag Peter Pauper Press, der von dem jungen New Yorker Ehepaar Peter und Edna Beilenson gegründet und geführt wurde.

Die Beilensons arbeiteten mit begnadeten Grafikkünstlern zusammen, viele von ihnen waren vor den Nazis aus Europa nach Amerika geflohen. Ihre Bücher sollten den Lesern das Leben leichter und schöner machen. Dieser Band erschien in den Fifties, einer Hochphase der Cocktailkultur. Depression und Krieg waren überstanden, die Wirtschaft boomte. Nachdem Hawaii zum 50. Bundesstaat der USA geworden war, erreichte der Tiki-Trend seinen Höhepunkt. Die Bars wanderten in die Wohnzimmer, Ehefrauen mixten ihren Männern nach der Arbeit Hochprozentiges, und statt an gesetzte Tafeln lud man einander zu lockeren kleinen Feiern mit Jazzmusik, Fingerfood und Cocktails ein.

Die Beilensons trafen damals den Nerv der Zeit. Heute wird der Verlag von ihren Nachfahren weitergeführt, mittlerweile ist er auf hochwertige Kinderbuchreihen und Non-Books spezialisiert. Die Bücher von damals gibt es allerdings nur noch antiquarisch. Aber sie sind viel zu schön, um sie nicht wiederaufleben zu lassen.

Eine dieser von mir modernisierten Neuauflagen zum

Thema Cocktails halten Sie nun in Ihren Händen. Ich habe darin versucht, den amerikanischen Spirit von einst mit einer zeitgenössischen Auswahl anzureichern, alte und moderne Klassiker versammelt, darauf geachtet, dass sie eine überschaubare Zutatenliste haben und zudem einfach im Handling sind.

Was wichtig ist: Cocktailrezepturen sind Richtwerte, die der Orientierung dienen, an die man sich jedoch keineswegs sklavisch halten muss oder soll. Zumal: Spirituosen und Liköre können sich je nach Alkoholgehalt stark unterscheiden. Bei Fruchtsäften führt der Reifegrad zu Schwankungen, Sirupe variieren in Zucker- und Säuregehalt. Und selbst die Größe der Eiswürfel haben einen nicht unerheblichen Einfluss auf das Endprodukt im Glas.

Und allem voran steht der persönliche Geschmack!

Unterteilt habe ich die Rezepte nach den Basisspirituosen Whiskey, Rum, Gin, Brandy, Tequila und Wodka. Im hinteren Teil des Bandes finden Sie weitere Kategorien sowie ein Glossar, hilfreiche Bar-Utensilien und Sirup-Rezepte.

Kurzum: In diesem Band sind 50 interkontinentale *All Time Favourites* versammelt, die an den Chic von Tiki-Bars und Pan-Am-Lounges denken lassen. Sie sind geeignet für Hobbybarmixer und passen zu eleganten Dinners ebenso wie zu mitternächtlichen Spontanpartys oder gemütlichen Kaminabenden. Dieses kleine Buch wird Ihnen dabei helfen, einen Favoriten zu finden. Versprochen.

Ihre Susanne Walter

Whisky / Wiskey

Whisky – in den USA und in Irland »Whiskey« – ist ein fass-gelagertes Destillat aus Getreidemaische, vorwiegend aus Mais-, Roggen-, Gerste- oder Weizenmischungen.

Dass sich die USA zu einer so großen Whiskey-Nation ent-wickelte, hat sie ihren schottischen und irischen Einwan-derern zu verdanken. Der hier vorherrschende Bourbon Whiskey mit seinem hohen Maisanteil weist buttrig-süße Karamell- und Eichenholzaromen auf und ist für die Zube-reitung von Cocktails perfekt.

Durch die Prohibition, die am 17.1.1920 in Kraft trat, kam die Whiskey-Produktion in den Vereinigten Staaten zum Erliegen. In Speakeasys, illegalen Flüsterbars, von denen es in den 20ern unzählige gab, wurde Alkohol ausgeschenkt, und die Nachfrage, die trotz Verbot gestiegen war, musste mit ausländischem Whisky gestillt werden. Für den Handel mit geschmuggelter Ware boten sich die schottischen Single Malts an, die schlagartig einen riesigen, neuen Absatzmarkt in den USA gefunden hatten.

Als die Prohibition 1933 für beendet erklärt wurde, pro-duzierte man auch in den USA wieder Whiskey, doch zu Beginn war das Angebot rar, teuer und rationiert, da das Destillat mindestens zwei Jahre im Fass lagern muss.

Besonders hochwertige Whiskysorten stammen aus Schott-land und Japan, geschätzt von Puristen und Sammlern mit

teilweise schwindelerregenden Preisen. Auch irische Pro-
duktionen liefern hervorragende Destillate, die etwas mil-
der sind als schottische und sich ebenfalls, je nach Sorte,
als fruchtig-süße oder rauchige Cocktailbasis eignen.

Old Fashioned

Über 200 Jahre alt und weniger raffiniert als manch moderne Cocktailkreation, ist der Old Fashioned vor allem bei Bourbon-Liebhabern beliebt, die den Drink dank hoher Umdrehungszahl und vielschichtigen Whiskey-Nuancen schätzen. Goldfarben schimmert er im eigens nach ihm benannten Glas und hat, anders als sein Name verheißt, noch jeden Trend überdauert!

Rezeptur:
60 ml Rye Whiskey oder Bourbon Whiskey
1 Stück Würfelzucker
2 Spritzer Angostura Bitters
1 TL Wasser

Zuckerwürfel in ein Old-Fashioned-Glas oder einen Tumbler geben und mit Angostura Bitters tränken. Wasser zufügen und den Zuckerwürfel darin auflösen. Eiswürfel zufügen und Whiskey angießen. Alle Zutaten 15 Sekunden verrühren. Mit Zitronenzeste und Cocktailkirsche garnieren. Die Zitronenzeste unbedingt im Glas belassen: Sie ist hier weit mehr als Garnitur, nämlich frischer Geschmacksgeber.

Manhattan

Ein weiterer klassischer Cocktail, dem Old Fashioned nicht unähnlich. Auch hier unterstreichen die bitteren, süßen und kräuterigen Noten den feinen Whiskygeschmack. Allerdings wird der Old Fashioned mit Zucker gesüßt, der Manhattan hingegen mit süßem Wermut. Und während der Old Fashioned mit einer Zitronenschale garniert wird, sorgt beim Manhattan eine süße Cocktailkirsche für das Geschmacks-Extra.

Rezeptur:
50 ml Rye Whiskey oder Bourbon Whiskey
25 ml roter Wermut
2 Spritzer Angostura Bitters

Alle Zutaten werden in einem mit Eiswürfeln gefüllten Rührglas 30 Sekunden gerührt und in ein vorgekühltes Martiniglas abgeseiht. Mit einer Cocktailkirsche garnieren.

Mint Julep

Der Mint Julep war schon im 18. Jahrhundert und vor allem in den Südstaaten der USA ausgesprochen beliebt, und er ist es bis heute: *Über 120 000 Juleps werden den Gästen alljähr-lich während des Kentucky-Derbys serviert. Er schmeckt erfri-schend, kühl und minzig; manche sagen auch: wie Sommer im Glas!*

Rezeptur:
10 Minzblätter
10 ml Zuckersirup
60 ml Bourbon Whiskey
gestoßenes Eis

Minzblätter mit Zuckersirup in einen Silberbecher, alter-nativ in einen Tumbler oder ein Highballglas geben und leicht andrücken. Etwas gestoßenes Eis zufügen und Whiskey angießen. So lange rühren, bis das Glas beschlägt. Das Glas mit gestoßenem Eis auffüllen. Das Ganze mit einem Minz-zweig garnieren.

Whiskey Sour

Dieser Cocktail hat große Klasse. Seit über 150 Jahren existiert er, und auch wenn er zum Standardrepertoire eines Barkee-pers gehört und nur aus wenigen Zutraten besteht, so ist es doch gerade eine Kunst, das Spiel von Süße und Säure perfekt auszubalancieren. Fügen Sie den Zutaten ein halbes, frisches

Eiweiß hinzu und shaken alles kräftig: Eine herrlich weiche Schaumkrone wird Ihren herbsäuerlichen Cocktail samtig abrunden.

Rezeptur:
50 ml Bourbon Whiskey
25 ml Zitronensaft
20 ml Zuckersirup

Alle Zutaten in einen Shaker geben, mit Eiswürfeln füllen und 15-30 Sekunden kräftig schütteln. Straight up in eine vorgekühlte Cocktailschale oder in einen mit Eiswürfeln gefüllten Tumbler abseihen und mit Zitronenzeste garnieren.

Irish Coffee

Irish Coffee wurde von dem irischen Koch Joe Sheridan in düsteren Zeiten kreiert; im Jahr 1942 nämlich. Und das auch noch in einer stürmischen Winternacht, an der Westküste Irlands. Kein Wunder, dass er wie ein Seelentröster funktioniert. Man trinkt ihn After Dinner, seine Sahnehaube ersetzt gut und gerne das Dessert.

Rezeptur:
30 ml Irischer Whiskey
1-2 TL brauner Zucker
1 Tasse starker Kaffee
leicht geschlagene Sahne, ungesüßt

Zum Anwärmen einen (Glas-)Becher, im Idealfall einen Irish-Coffee-Becher, mit heißem Wasser füllen, nach ca. 1 Minute das Wasser ausleeren. Whiskey und Zucker ins Glas geben. Kaffee angießen und umrühren. Leicht geschlagene Sahne auf den Cocktail geben, nach Belieben etwas Muskatnuss darüber reiben.

Paper Plane

Dieser Before-Dinner-Cocktail könnte der Urenkel des Whiskey Sour sein und gilt bereits jetzt nach seiner Entstehung im New York der Nullerjahre als großer, moderner Klassiker. Bei diesem Jungspund tritt der Bourbon-Geschmack in den Hintergrund; Amaro und Aperol weisen ihm seine ganz eigene, wunderbar harmonische Richtung. Seine Farbe ist ein sattes Orange, sein Geschmack herb und sein Name geht auf einen Hit der britischen Hip-Hop-Künstlerin M.I.A. zurück; höherer Coolness-Faktor geht nicht.

Rezeptur:
30 ml Bourbon Whiskey
30 ml Amaro
30 ml Aperol
30 ml Zitronensaft

Alle Zutaten in einen Shaker geben, mit Eiswürfeln füllen und 15 Sekunden schütteln. In eine vorgekühlte Cocktailschale abseihen.

Boulevardier

Der lang verschollene Cousin des Negronis; so wird dieser Cocktail auch genannt, weil er sich nur durch eine Zutat – Bourbon anstelle von Gin – von ihm unterscheidet. Wie viele Cocktails, die kurz vor der Prohibition in Amerika entstanden sind und notgedrungen verschwanden, geriet auch der Boulevardier für lange Zeit in Vergessenheit. Glücklicherweise erfährt er gerade ein verdientes Revival. Kein Wunder: Sein Geschmack ist vielseitig, süß, sanft, bitter; und wunderbar vollmundig!

Rezeptur:
30 ml Bourbon Whiskey
30 ml Campari
30 ml roter Wermut

Tumbler mit Eiswürfeln füllen, alle Zutaten zufügen und umrühren. Mit Orangenzeste garnieren.

Whisky Soda / Scotch and Soda

Der Whisky Soda besteht aus zwei Bestandteilen und ist damit ein simpler Drink, der jedoch im Laufe der Geschichte eine unerwartete Wandlung erfuhr: Ursprünglich mit Brandy zubereitet, avancierte der Longdrink Ende des 19. Jahrhunderts zum Lieblingsgetränk der englischen Mittel- und Oberschicht. Doch mit der Reblausplage kam es zu einem weitreichenden Brandy-Engpass, Whisky musste für den Weinbrand einspringen und wurde schon bald so beliebt, dass er dessen Platz anhaltend einnahm.

Besonders in Japan ist der Whisky Soda angesagt, wo synonym der Ausdruck »Highball« verwendet wird. Den gibt es dort gemixt in Dosen zu kaufen oder in speziellen Highball-Bars direkt aus dem Zapfhahn. Vorsicht in den USA: Dort wird der Begriff »Soda« auch für Softdrinks verwendet. Sollten Sie dort einen Whiskey Soda bestellen, könnten Sie durchaus mit einem Whiskey Cola überrascht werden!

Rezeptur:
60 ml Scotch Whisky
ca. 120 ml Soda

Tumbler oder Highballglas mit Eiswürfeln füllen, Scotch zufügen und mit Soda auffüllen.

Horse's Neck

*Dieser prickelnd scharfe Highball, der vollmundigen Whiskey
mit pikantem Ingwer und erfrischender Zitrone vereint, wurde in den 1890ern als alkoholfreier Drink erfunden. Seit den
1910er Jahren dann »with a kick« serviert, wobei der Kick eine
beliebige Spirituose sein konnte. Heute wird er meist mit Whiskey gemischt und, wichtig: mit einer langen Zitronenschale
garniert.*

Rezeptur:
50 ml Whiskey, nach Belieben auch Brandy,
    Cognac oder Gin
2 Spritzer Angostura Bitters
120 ml Ginger Ale

Die Schale einer Zitrone in einer langen Spirale schälen und
aufgedreht in ein Highball- oder Longdrinkglas geben, dabei ein Ende über den Glasrand legen. Das Glas mit Eiswürfeln füllen. Alle Zutaten angießen.

Rum

Schon lange vor 1920 war Rum eine beliebte Spirituose in den USA, doch mit Beginn der Prohibition erlebte er in doppelter Hinsicht einen Boom: Viele Amerikaner zog es nun ins nahe gelegene Kuba oder auf die Bahamas, wo sie Rum lieben lernten, zumal er dort in guter Qualität und ausreichender Menge vorhanden war.

Und woher sollte plötzlich der lang ersehnte Whiskey kommen, als das Experiment der Prohibition 1933 für beendet erklärt wurde? Die Produktion von Whiskey lief langsam an – eine gute Voraussetzung für Rum, den amerikanischen Markt zu erobern.

Als Ernest Raymond Beaumont Gantt alias Donn Beach 1934 seine erste Tiki-Bar in Hollywood eröffnete, servierte er tropische Rum-Cocktails in Südsee-Atmosphäre und konnte sich vor Erfolg kaum retten. Victor Bergeron, bekannt als Trader Vic, begann Donns Konzept wie auch dessen Rezepturen zu imitieren. Viele der fruchtig frischen Tiki-Drinks auf Rum-Basis gehen auf die beiden Rivalen zurück, doch lassen sich die Originalrezepturen zum Teil nur schwer ausfindig machen, denn aus Sorge vor Nachahmern verschlüsselten beide ihre Rezepte.

In der Cocktailbranche ist Rum nach wie vor eine etablierte Spirituose, die durch lange Fasslagerungen exzellente Qualitäten erreicht.

Rum wird überall dort gebrannt, wo auch Zuckerrohr angebaut wird, beispielsweise in Mittel- und Südamerika, in der Karibik, Madagaskar, Mauritius, Indien und auf den Philippinen. Denn das Grundprodukt für die Herstellung von Rum ist Zuckerrohr-Melasse, ein zähflüssiger Zuckersirup, der als Nebenprodukt bei der Zuckerherstellung aus Zuckerrohr anfällt.

Eine Besonderheit ist der hochwertige und frische »Rhum agricole« aus gepresstem Zuckerrohrsaft, der vorwiegend in den französischen Übersee-Departements wie Guadeloupe und Martinique produziert wird.

Planter's Punch

Es gibt unzählige Rezepturen für den »Punsch des Plantagen-besitzers«, der verführerisch karibisch und süß schmeckt und aufgrund seiner Größe zu den Longdrinks zählt. Rum gehört auf jeden Fall hinein – und wer ihn lieber etwas herber mag, kann Ananas- und Orangensaft weglassen, den Limettenanteil auf 30 ml erhöhen und den abgeseihten Cocktail mit Soda auf-gießen.

Rezeptur:
60 ml Jamaika-Rum
30 ml Ananassaft
30 ml Orangensaft
20 ml Limettensaft
20 ml Zuckersirup
4 Spritzer Angostura Bitters

Alle Zutaten in einen Shaker geben, mit Eiswürfeln füllen und 30 Sekunden kräftig schütteln. In ein mit gestoßenem Eis gefülltes Highballglas abseihen. Mit geriebener Muskat-nuss und Früchten garnieren.

Cuba Libre / Rum & Cola

1898 endete die Kolonialherrschaft Spaniens über Kuba mit dem Spanisch-Amerikanischen Krieg. Bereits 1900 exportierten die USA Cola-Sirup nach Kuba, und schon im selben Jahr soll der erste Cuba Libre in Havanna serviert worden sein; ein Longdrink, der Ferienstimmung verbreitet und den die Kubaner heute vorzugsweise mit der heimischen Cola-Marke »tuKola« veredeln. Er eignet sich auch für Cocktail-Einsteiger und Ungeübte, und wer es nicht nach Kuba schafft, wird ihn sicherlich auch am Strand von Ibiza oder auf dem eigenen Balkon lieben!

Rezeptur:
50 ml weißer, kubanischer Rum
10 ml Limettensaft
120 ml Cola

Rum und Limettensaft in ein mit Eiswürfeln gefülltes Highballglas geben. Mit Cola auffüllen und mit einer Limettenspalte garnieren.

Mojito

Dieser erfrischende Klassiker entstand Anfang des 20. Jahr-
hunderts; zumindest unter diesem Namen. Sein Vorläufer
nämlich hieß »El Draque«, eine Anspielung auf den im 16. Jahr-
hundert aktiven Freibeuter Francis Drake, der die wohltuen-
de Wirkung von Zuckerrohrschnaps, Limettensaft und Minze
aus medizinischen Gründen zu schätzen wusste.

Rezeptur:
50 ml weißer, kubanischer Rum
25 ml Limettensaft
10 Minzblätter
25 ml Zuckersirup
40 ml Soda, ersatzweise Mineralwasser

Minzblätter, Zuckersirup und Limettensaft in ein Highballglas geben, Minze leicht anstoßen und umrühren, Eiswürfel und Rum hinzufügen und mit Soda auffüllen. Mit einer
Minzspitze garnieren.

Daiquiri

Kuba, Daiquiri und Ernest Hemingway waren eine legendäre Kombination. Der Schriftsteller trank seinen Lieblingscocktail in der Bar El Floridita, jedoch mit doppelter Menge Rum und ohne Zucker; schließlich war er Diabetiker.

Eine wunderbare Variante ist denn auch der »Daiquiri El Floridita« oder »Hemingway Daiquiri«, bestehend aus 60 ml Rum, 15 ml Maraschino, 15 ml Limettensaft und 40 ml Grapefruitsaft.

»Frozen Daiquiris« übrigens werden mit gestoßenem Eis oder gefrorenen Früchten püriert und haben die Konsistenz von halbgefrorenem Trinkeis.

Rezeptur:
60 ml weißer, kubanischer Rum
20 ml Limettensaft
2 TL feiner Zucker

Alle Zutaten in einen Shaker geben und umrühren, bis sich der Zucker aufgelöst hat. Mit Eiswürfeln füllen und 15 Sekunden kräftig schütteln. In eine vorgekühlte Cocktailschale abseihen.

Zombie

Beim Blick auf die Rezeptur kann man die Namensgebung dieses Cocktails nachvollziehen. Der Gastronom Donn Beach ließ sich von seinen Lieferanten spezielle Zutatenmischungen anfertigen, so dass die Originalrezepte selbst den Mitarbeitern hinter der Theke verborgen blieben. Wie bei so vielen sind auch von diesem Cocktail verschiedenste Rezepturen im Umlauf. Gemein haben sie einen üppigen Alkoholgehalt, der die noch heute geläufige Beschränkung »Nur zwei pro Abend und Gast« erklärt.

Rezeptur:
45 ml puertoricanischer Rum
45 ml Jamaika-Rum
30 ml Demerara-Rum (75 % vol.)
20 ml Limettensaft
15 ml Falernum (Mandellikör), ersatzweise 10 ml
    Amaretto
15 ml Grapefruitsaft
5 ml Zimtsirup (wie Vanillesirup, jedoch mit einer
    Zimtstange, S. 88)
5 ml Grenadine
1 Spritzer Angostura Bitters
6 Tropfen Pernod

Alle Zutaten mit einer Handvoll gestoßenem Eis in einem Blender kurz auf höchster Stufe mixen und in ein Highball- oder Tumblerglas gießen. Garniert wird mit Minzzweigen.

Old Cuban

2002 von Starmixerin Audrey Saunders in New York kreiert, schaffte es der Old Cuban ruck, zuck zum modernen Cocktailklassiker. Verwandt mit dem Air Mail, entwickelt der New-Era-Drink dank hochwertiger Zutaten eine wunderbare Komplexität.

Rezeptur:
45 ml gereifter, kubanischer Rum (Havanna 8 Jahre)
20 ml Limettensaft
20-30 ml Zuckersirup
6 Minzblätter
2 Spritzer Angostura Bitters
60-80 ml Champagner

Limettensaft, Zuckersirup und Minzblätter in einen Shaker geben und leicht andrücken. Rum, Angostura und Eiswürfel zufügen und 15 Sekunden kräftig schütteln. Doppelt in eine vorgekühlte Cocktailschale abseihen und mit

Champagner auffüllen. Mit einer halben Vanilleschote (aus-
gekratzt und in Zucker getrocknet) oder einer Minzspitze
garnieren.

Mai Tai

Seit den 40er Jahren entwickelte sich der tropisch-fruchtige
Namensgeber dieses Buches zu einer Cocktail-Ikone; und zu
einem Synonym für beste Laune. Um die Urheberschaft des
Mai Tai, was auf Tahitianisch übrigens »gut« bedeutet, strit-
ten sich lange die beiden Gastronomen und Tiki-Legenden
Trader Vic und Donn Beach. Am Ende einigten sich die beiden
außergerichtlich, und Trader Vic konnte das Original für sich
reklamieren.

Rezeptur:
30 ml Rhum Agricole
30 ml Jamaika-Rum
30 ml Limettensaft
20 ml Orangenlikör
10 ml Orgeatsirup (Mandelsirup)

Alle Zutaten in einen Shaker geben und mit Eiswürfeln füllen. 30 Sekunden kräftig schütteln und in ein mit gestoßenem Eis gefülltes Tumbler- oder Highballglas abseihen. Mit Limettenzeste, Minzspitze und Ananasstück garnieren.

Ti Punch

Dass der Cocktail von den Französischen Antillen stammt, lässt sich anhand des verwendeten Rhum agricole erahnen. Ti Punch, die Abkürzung von »petit punch«, gehört, anders als sein Name vermuten lässt, zu den Sour-Cocktails; um als Punch durchzugehen, fehlen ihm Gewürze und eine verlängernde Zutat wie Soda oder Saft.

Die Anteile von Spirituose, Säure und Zucker können nach Geschmack verändert werden und wer seinen Punch lieber kalt und verdünnt genießt, fügt noch ein paar Eiswürfel hinzu.

Rezeptur:
50 ml Rhum agricole
1 Bio-Limette
2 bis 3 TL feiner, weißer Rohrzucker, ersatzweise 20 ml
    Zuckersirup

Limette vierteln und den Saft in ein Tumblerglas pressen. Ausgedrückte Limettenviertel und Zucker zufügen und rühren, bis sich der Zucker aufgelöst hat. Rhum agricole angießen und umrühren.

El Presidente

Dieser kubanische Cocktail aus der Prohibitionszeit ist Gerardo Machado, von 1925 bis 1933 Präsident von Kuba, gewidmet. Auch wenn er nicht hineingehört: Ich bevorzuge ihn mit einem Spritzer Limettensaft!

Rezeptur:
50 ml weißer, kubanischer Rum
30 ml trockener Wermut
10 ml Orangenlikör
5 ml Grenadine

Alle Zutaten in ein mit Eiswürfeln gefülltes Rührglas geben und 15-30 Sekunden umrühren. In eine vorgekühlte Cocktailschale abseihen. Mit Orangenzeste garnieren.

Hot Buttered Rum

Der 17. Januar (der Tag, an dem im Jahre 1933 die Prohibition beendet wurde) wird in den USA als nationaler »Hot Buttered Rum Day« gefeiert. Hierzulande ist die Verbindung von Heißgetränk und geschmolzener Butter eher ungewöhnlich, für Grog- und Punschliebhaber aber durchaus empfehlenswert! Es bietet sich an, gleich eine etwas größere Menge der Gewürzbutter (aus ca. 100 g Butter) zuzubereiten – das ist in der Handhabung etwas einfacher und so hat man auch gleich genug, um den Cocktail in Gesellschaft zu trinken –, in der es meistens noch besser schmeckt. Dafür die weiche Butter mit der angepassten Gewürzmenge mit dem Schneebesen des elektrischen Handrührgeräts schlagen, bis die Butter schaumig ist.

Rezeptur:

jeweils 1 Prise Zimtpulver, gemahlener Kardamom,
   Nelke und Muskatnuss
1,5 TL weiche Butter
1 TL Vanillezucker
50 ml brauner Rum
1-2 TL brauner Zucker
120 ml heißes Wasser oder nach Belieben heißer
   Apfel-, Birnen- oder Quittensaft

Weiche Butter mit Vanillezucker und Gewürzen glattrühren und in einen Becher geben. Rum und braunen Zucker zufügen und mit heißem Wasser oder Saft auffüllen. Einmal umrühren. Nach Belieben eine Zimtstange zum Umrühren hinzufügen.

Air Mail

Ich bin ein großer Fan von Champagner-Cocktails, die prickelnd launig daherkommen und es doch in sich haben. Durch das Kohlendioxid im Schaum fächern sich die Geschmacksnuancen zusätzlich auf!

Der Air Mail ist ein köstlicher Cocktail aus den 30er Jahren, der bestimmt schon F. Scott und Zelda Fitzgerald »Before Dinner« in beste Stimmung versetzt hat. An heißen Tagen schmeckt der Air Mail in einem mit Eiswürfeln gefüllten Highballglas übrigens noch besser.

Rezeptur:
30 ml gereifter kubanischer Rum
15 ml Limettensaft
15 ml Honigsirup
30 ml Champagner

Rum, Limettensaft und Honigsirup in einen Shaker geben, mit Eiswürfeln auffüllen und 15 Sekunden kräftig schütteln. In ein vorgekühltes Champagnerglas abseihen und mit Champagner auffüllen.

Caipirinha / Batida de Limão

Definitiv wird der süßlich saure Caipirinha nicht mit Rum zubereitet, sondern mit Cachaça. Der ist aber aus Zuckerrohrsaft und damit der Rum-Variante Rhum agricole sehr ähnlich. Drückt man also ein Auge zu, passt das brasilianische Nationalgetränk ganz gut an diese Stelle! Darüber hinaus schmeckt er nach Urlaub am Strand; und darauf verzichtet niemand gern.

Rezeptur:
60 ml Cachaça
1 Bio-Limette
2-3 TL feiner, weißer Rohrzucker, ersatzweise 20 ml
    Zuckersirup

Limette achteln und die Stücke mit Zucker in einem Shaker zerstoßen. Cachaça und Eiswürfel zufügen und 15 Sekunden kräftig schütteln. Alles in einen Tumbler gießen.

Gin

Gin-Cocktails sind besonders wandlungsfähig, sie können mal floral, dann wieder herb-kräuterig, fruchtig-süß oder scharf schmecken.

Der Vorläufer des Gins ist der Genever, ein holländischer Wacholderschnaps aus dem 16. Jahrhundert. Im 17. Jahrhundert unterstützten englische Truppen die Niederländer im Kampf um ihre Unabhängigkeit von Spanien und brachten den Genever in ihre Heimat. Alsbald begannen auch sie nach holländischem Vorbild Schnaps zu brennen, den sie Gin nannten und für dessen Karriere die Umstände ausgesprochen günstig waren: 1690 wurde seine Produktion in England steuerfrei gestellt und Weizenüberschuss ließ die Preise für das zur Herstellung benötigte Getreide sinken. Und so kam es, dass bereits Anfang des 18. Jahrhunderts Gin günstiger als Bier war und vor allem in der ärmeren Bevölkerungsschicht massiv konsumiert wurde. Als »Gin Craze« wurde die Hochphase des Billigfusels und seiner verheerenden Folgen in den Armenvierteln bezeichnet.

Erst 1830, als ein neues Destillationsverfahren entwickelt wurde, avancierte Gin wieder zum qualitativ hochwertigen Schnaps. Mit den Gin Palaces entstanden im Viktorianischen Zeitalter edle Trinkstätten für die aufkommende Mittelschicht, 1874 eröffnete die erste Cocktailbar am Piccadilly Circus in London; Gin wurde ein zentraler Bestandteil von Cocktails, sowohl in Großbritannien als auch in den USA.

Nachdem der Wodka ihn kurzzeitig als Lieblingsspirituose überholt hatte, ist seit den Nullerjahren der Gin wieder auf dem Vormarsch, was zur Entwicklung unzählig neuer Sorten führte – einige davon recht hochpreisig.

Martini

Die Cocktail-Ikone schlechthin: hoch alkoholisch, trocken, voller Eleganz; und dank Ian Fleming wohl auf ewig mit James Bond verbunden. Die Anteile von Gin und Wermut variieren nach Geschmack und Zeitgeist. Wie alle Cocktails aus klaren Spirituosen wird er gerührt, kommt gelegentlich aber auch geschüttelt in das für ihn eigens entworfene Glas. Jedoch gelangen dadurch kleine Eissplitter, Luftbläschen und eine unerwünschte Trübung in den Martini; doppeltes Abseihen hilft, zumindest ein bisschen.

Rezeptur:
60 ml Gin
30 ml trockener Wermut

Rührglas mit Eiswürfeln füllen, Gin und Wermut angießen und 30 Sekunden umrühren. In ein vorgekühltes Martiniglas abseihen. Mit Zitronenzeste abspritzen. Garnitur: eine grüne Olive (in Lake).

Negroni

Ein bittersüßer Cocktail, der um 1920 im Florenzer Caffè Casoni für den Grafen Camillo Negroni kreiert wurde und zusammen mit dem Americano zum Inbegriff für den norditalienischen Aperitivo geworden ist. Der wiederum ist nicht mit unserem Aperitif gleichzusetzen, sondern eher mit einer Art gepflegten Happy Hour zwischen 18 und 21 Uhr, zu der man sich mit Freunden in einer Bar oder einem Café trifft und bei einem Drink und kleinen Knabbereien den Feierabend einläutet. Der Negroni lässt sich allerdings auch bestens zu späterer Stunde konsumieren.

Rezeptur:
30 ml Gin
30 ml Campari
30 ml roter Wermut

Tumbler mit Eiswürfeln füllen, alle Zutaten angießen und umrühren. Mit Orangenscheibe oder -zeste garnieren.

Clover Club

Dieser Cocktail entstand zu Beginn des 20. Jahrhunderts in der Bar des Bellevue-Stratford-Hotels in Philadelphia, in der sich regelmäßig die feinen Herren des Clover Clubs trafen. Mit der Prohibition verschwand dieser Cocktail. Nun feiert er ein Comeback. Das Originalrezept verlangt trockenen Wermut, der diesem Cocktail einen besonderen Twist verleiht, in den meisten zeitgenössischen Rezepturen wird jedoch darauf verzichtet.

Rezeptur:
45 ml Gin
15 ml Himbeersirup
15 ml Zitronensaft
10 ml trockener Wermut
ein halbes Eiweiß

Alle Zutaten in einen Shaker geben, mit Eiswürfeln füllen und 15 Sekunden schütteln. In eine vorgekühlte Cocktailschale abseihen. Garnitur: Himbeeren.

Straits Sling

Ein Longdrink und Verwandter des Singapore Sling; in meinen Augen aber noch viel köstlicher, weil das spritzige Soda den ähnlichen Effekt wie Champagner hat und die gesamte Geschmackspalette des Cocktails auffächert. Frisch, fruchtig und trocken zugleich – und unwiderstehlich.

Rezeptur:
40 ml Gin
20 ml Bénédictine
20 ml Kirschwasser
10 ml Maraschino
15 ml Zitronensaft
2 Spritzer Angostura Bitters
2 Spritzer Orange Bitters
40 ml Soda, ersatzweise Mineralwasser

Gin, Bénédictine, Kirschwasser, Zitronensaft und Bitters in einen Shaker geben und mit Eiswürfeln füllen. 15 Sekunden kräftig schütteln und in ein mit Eiswürfeln gefülltes Highballglas abseihen. Mit Soda auffüllen und mit einer Cocktailkirsche und einer Orangenzeste garnieren.

Tom Collins

Ein erfrischender Longdrink ohne Schnickschnack, der wie Erwachsenen-Limonade schmeckt. So unkompliziert, dass man ihn nicht einmal schütteln muss! Der ideale Drink für eine milde Sommernacht, die gerade erst beginnt. Ein enger Verwandter ist der Gin Fizz, der ohne Eiswürfel serviert und mit etwas weniger Soda aufgefüllt wird.

Rezeptur:
60 ml Gin
30 ml Zitronensaft
20 ml Zuckersirup
50 ml Soda, ersatzweise Mineralwasser

Highballglas mit Eiswürfeln füllen, Gin, Zitronensaft und Zuckersirup zufügen und 15 Sekunden rühren. Mit Soda auffüllen, vorsichtig umrühren und mit einer Zitronenspalte garnieren.

Saketini

Als japanische Restaurants und Bars in den Nullerjahren immer populärer wurden, landete zunehmend diese japanische Martini-Variante auf der Karte, bei der statt Wermut der japanische Reiswein Sake zum Einsatz kommt; selbst Cocktail-Traditionalisten waren machtlos.

Rezeptur:
60 ml Gin
20 ml Sake

Rührglas mit Eiswürfeln füllen, Gin und Sake angießen und 30 Sekunden umrühren. In ein vorgekühltes Martiniglas abseihen.

French 75

Wenn der Tom Collins für Sommer steht, verkündet der French 75 den Frühling. Der Champagner-Cocktail ist ein wunderbarer Aperitif, lässt sich aber auch hervorragend den ganzen Abend über trinken. Die Kombination von Hochprozentigem,

Säure und Bitzel ist ein Garant für gute Laune und Lust auf
mehr – sollte aber auch nicht unterschätzt werden!

Rezeptur:
30 ml Gin
15 ml Zitronensaft
10 ml Zuckersirup
60 ml Champagner

Gin, Zitronensaft und Zuckersirup in einen Shaker geben,
mit Eiswürfeln füllen und 15 Sekunden kräftig schütteln. In
ein vorgekühltes Champagner- oder Weißweinglas abseihen.
Mit Champagner auffüllen.

Bramble

Der Bramble ist junger Cocktail, der es in die heißbegehrte Ka-
tegorie »Moderner Klassiker« geschafft hat und mittlerweile
in den Cocktailbars auf der ganzen Welt zuhause ist. Er wur-
de 1984 im Fred's Club in SoHo erfunden und schmeckt herr-
lich fruchtig und beerig.

Rezeptur:
50 ml Gin
30 ml Zitronensaft

15 ml Zuckersirup
15 ml Brombeerlikör

Gin, Zitronensaft und Zuckersirup in einen Tumbler geben, mit gestoßenem Eis auffüllen und umrühren. Brombeerlikör floaten. Mit Zitronenspalte und / oder Brombeere garnieren.

Bee's Knees

Einen der putzigsten Cocktailnamen überhaupt trägt der »Bee's Knees«, was übrigens Prohibitions-Ära-Slang für »Der Beste« ist.

Dieser Beste entstand im Jahr 1920 im Pariser Hotel Ritz. Der Geschmack: vollmundig, süß, sommerlich.

Rezeptur:
60 ml Gin
20 ml Zitronensaft
20 ml Orangensaft
20 ml Honigsirup

Zitronensaft, Orangensaft und Honigsirup in einem Shaker schütteln, bis die Zutaten gut gemischt sind. Gin und Eiswürfel zufügen und 15 Sekunden kräftig schütteln. In eine

vorgekühlte Cocktailschale abseihen. Garnitur: Zitronen-
oder Orangenzeste

Bijou

....

*Auf Französisch bedeutet Bijou »Juwel«, und dieser Pre-Dinner-
Drink aus dem späten 19. Jahrhundert heißt so, weil die Far-
ben seiner drei Hauptzutaten an Diamanten, Rubine und
Smaragde erinnern. Das Originalrezept sah sie zu gleichen
Teilen vor, was zu einer dominanten Kräuternote führte. Heute
wird ein Mischungsverhältnis zugunsten des Gins bevorzugt.*

*Der Bijou ist selten geworden auf den Cocktailkarten die-
ser Welt. Wer ihn anbietet, ist ein echter Kenner!*

Rezeptur:
40 ml Gin
30 ml roter Wermut
30 ml Chartreuse verte
2 Spritzer Orange Bitters

Gin, Wermut, Chartreuse und Orange Bitters in ein mit Eiswürfeln gefülltes Rührglas geben und 30 Sekunden umrühren. In eine vorgekühlte Cocktailschale abseihen. Mit Zitronenzeste abspritzen. Mit Cocktailkirsche oder Olive (in
Lake) garnieren.

....

Brandy

Brandy-Cocktails zeichnen sich meist durch eine feine Eleganz und zarte Karamell- und Holztöne aus.

Der Brandy, zu deutsch Weinbrand, ist ein fassgelagertes Destillat aus Weinen. Die vorgeschriebene Lagerung von mindestens sechs Monaten wird meist um ein Vielfaches gesteigert und bringt qualitativ hochwertige Produkte hervor.

Die aus Amerika eingeschleppte Reblaus zerstörte von 1867 bis 1915 einen Großteil europäischer Weinstöcke, Frankreichs Weinproduktion brach um 75% ein. Und auch Weinbrand, der übrigens damals und noch bis ins frühe 20. Jahrhundert »Cognac« hieß, war kaum mehr verfügbar. Doch mit dem Ende der Plage bekam auch der Weinbrand eine neue Chance: Während der Prohibition verlagerte sich das Zentrum der Cocktailkultur von den USA nach Europa, in Städten wie Paris oder London entwickelte sich eine lebendige Barkultur, neue Kreationen wie der Side Car entstanden dort, und es ist naheliegend, dass in Paris eher zum Cognac als zum Rum gegriffen wurde.

Weinbrände lassen sich heute überall finden, wo Wein angebaut wird, die wichtigsten Erzeugerländer sind Frankreich, Italien, Spanien, Portugal, Griechenland und Deutschland. Doch trotz seiner bemerkenswerten Eigenschaften und der wunderbaren Resultate in Mixgetränken ist der Weinbrand im Laufe der Jahre ein wenig ins Hintertreffen geraten. Erst wurde Wodka hip, dann entdeckte man die Finessen qualitativ hochwertiger Rumsorten, und Whiskeys und Gin erleben derzeit Revivals, die ihresgleichen suchen. Auf das des Weinbrands warten wir noch ...

Side Car

Ob er seinen Namen dem kleinen Schluck, der manchmal beim Mixen eines Cocktails übrigbleibt und in ein Shotglas abgeseiht wird, zu verdanken hat oder vielleicht doch dem Beiwagen eines Motorrads, mit dem ein in Paris stationierter US-Hauptmann regelmäßig die Bar aufsuchte, die für den Drink verantwortlich sein könnte, kann niemand mit Gewissheit sagen. Wie bei so vielen Cocktails kursieren verschiedene Entstehungsgeschichten um den Side Car, der kurz nach dem Ersten Weltkrieg in London oder Paris kreiert worden sein soll. Charakteristisch sind feine, holzige Weinbrand- und herbe Orangennoten; damit ist der Side Car trotz seines Säurespiels ein wunderbarer Drink für Wintertage.

Rezeptur:
60 ml Cognac oder Brandy
20 ml Orangenlikör
20 ml Zitronensaft

Alle Zutaten in den Shaker geben, mit Eiswürfeln füllen und 15 Sekunden kräftig schütteln. In eine vorgekühlte Cocktailschale abseihen.

Prince of Wales

Dieser Champagner-Cocktail macht seinem Namen alle Ehre:
Oft ist er der teuerste Cocktail auf der Karte! Aber weil er gar
so gute Laune macht und häufig in einem mondänen Silber-
becher serviert wird, vergisst man den Preis dann auch ganz
schnell wieder.

Rezeptur:
1 Zuckerwürfel
2 Spritzer Angostura Bitters
20 ml Cognac
10 ml Orangenlikör
ca. 30 ml Champagner
10 ml Bénédictine

In einen Silberbecher oder Becherglas Zuckerwürfel mit
Angostura Bitters auflösen. Cognac, Orangenlikör, eine Cocktailkirsche und ein Viertel Zitronenscheibe zufügen und
mit Eiswürfeln auffüllen. 15 Sekunden umrühren und mit
ca. 30 ml Champagner aufgießen. Bénédictine floaten.

Champs-Élysées

Ein wunderbar extravaganter 30er-Jahre-Cocktail, der seinen Namen den prägenden und urfranzösischen Zutaten Cognac und Chartreuse zu verdanken hat. Chartreuse ist ein Kräuterlikör, der aus Cognac und über 130 Pflanzen und Geheimzutaten hergestellt wird. Es gibt ihn in hellgrüner und gelber Version zu kaufen; wer sich für die etwas mildere, gelbfarbene entscheidet, kann den Zuckeranteil leicht verringern.

Rezeptur:
50 ml Cognac
15 ml Chartreuse verte
25 ml Zitronensaft
15 ml Zuckersirup
1 Spritzer Angostura Bitters

Alle Zutaten in den Shaker geben, mit Eiswürfeln füllen und 15 Sekunden kräftig schütteln. In eine vorgekühlte Cocktailschale abseihen, mit Zitronenzeste garnieren.

Harvard

Ein wuchtiger Before-Dinner-Cocktail von 1895, eng verwandt mit dem Manhattan. Die beiden Klassiker unterscheiden sich jedoch nicht nur durch ihre Basisspirituose, sondern auch durch einen Schluck Soda, der den hochprozentigen Harvard etwas verdünnt.

Wer auf Soda verzichten mag, kann den Brandy-Anteil auf 60 ml reduzieren.

Rezeptur:
75 ml Brandy
30 ml roter Wermut
2 Spritzer Angostura Bitters
ca. 30 ml Soda, ersatzweise Mineralwasser

Brandy, Wermut und Angostura Bitters in ein mit Eiswürfeln gefülltes Rührglas geben und 30 Sekunden umrühren. In ein vorgekühltes Martiniglas abseihen und Soda angießen. Mit Zitronenzeste garnieren.

Brandy Punch

Soviel Freude ein frisch gemixter Cocktail bereitet, eine große Schale Punsch kann Gäste ebenfalls in Entzücken versetzen – und auch der Gastgeber kann sich an den eigenen Tisch setzen und entspannt genießen. Im Laufe des Abends verändert sich der Punsch durch das zunehmende Schmelzwasser – was ihm aber keineswegs schadet!

Rezeptur für 12 Portionen:
500 ml Brandy
300 ml Zitronensaft
200 ml Soda
150 ml Orangenlikör
100 ml Himbeersirup
100 ml Zuckersirup
70 ml brauner Rum
200 g Ananasfruchtfleisch und 1 Orange, beides in
    Scheiben geschnitten, 200 g Himbeeren

Alle vorgekühlten Zutaten in eine Bowlenschüssel geben, umrühren und mit einem großen Eisblock kühlen.

Brandy Alexander

Ein süßer Dessert-Cocktail der Prohibitions-Ära, der ursprünglich mit meist schwarzgebranntem und qualitativ minderem Gin zubereitet wurde. Sahne und Kakaolikör eigneten sich vorzüglich, sowohl Alkoholgehalt als auch Qualitätsmängel zu überspielen.

Im Laufe der Zeit setzte sich die Abwandlung, bei der Brandy als Basisspirituose eingesetzt wurde, gegen das Original durch.

Wer es alkoholischer bevorzugt, erhöht den Brandy-Anteil auf 50 bis 60 ml.

Rezeptur:
30 ml Brandy
30 ml brauner Kakaolikör
30 ml frische Sahne

Alle Zutaten in den Shaker geben, mit Eiswürfeln füllen und 15 Sekunden kräftig schütteln. In eine vorgekühlte Cocktailschale abseihen. Mit frisch geriebener Muskatnuss garnieren.

East India Cocktail

Gegen Ende des 19. Jahrhunderts war dieser fruchtige Old Fashioned bei den in Ostindien lebenden Engländern en vogue. Ob der Cocktail ursprünglich mit Ananas- oder Himbeersirup zubereitet wurde, lässt sich heute schwer rekonstruieren – es passen beide fantastisch. Und erzeugen im Nullkommanichts Fernweh.

Rezeptur:
60 ml Cognac oder Brandy
10 ml Ananas- oder Himbeersirup
5 ml Orangenlikör
5 ml Maraschino
3 Spritzer Angostura Bitters

Alle Zutaten in ein mit Eiswürfeln gefülltes Rührglas geben und 15 bis 30 Sekunden umrühren. In ein vorgekühltes Martiniglas abseihen, mit Zitronenzeste garnieren.

Tequila

Tequila ist eine Untergruppe des mexikanischen Agaven-brands Mezcal und damit übrigens kein Kakteenschnaps, wie so oft behauptet wird; Agaven zählen zu den Spargelge-wächsen.

Die Geschichte des Tequilas reicht zurück in die Zeit der Eroberung Mexikos durch die Spanier im 16. Jahrhundert. Sie waren die Ersten, die aus Agaven Schnaps brannten, dem sie den Namen Vino Mezcal gaben. »Mezcal de Tequila« nannte man ab dem 18. Jahrhundert das qualitativ hochwer-tigere Destillat aus der Region um Jalisco, für das nur die blauen Weberagaven verwendet werden.

Mit der 1968 in Mexiko ausgetragenen Olympiade und der Fussball-WM von 1970 erreichte der Schnaps mit dem Salzrand den Höhepunkt seiner Popularität. Der Nachteil: Das Image eines billigen Spaßgetränks mit Rauschgarantie würde der Tequila so schnell nicht wieder loswerden.

In den letzten Jahren lässt sich bei den meisten Spiritu-osen der Trend zu Premiumdestillaten und -marken er-kennen, der auch dem Tequila zugutekommt. Zwar ist er, verglichen mit Whiskey und Gin, immer noch ein Nischen-produkt, doch wächst sowohl das Interesse als auch das Angebot an sehr guten Destillaten, die sich pur trinken las-sen. Und natürlich auch hervorragend zum Kombinieren in Cocktails geeignet sind.

Tequila ist meine persönliche Lieblingsspirituose, rauchig, eigen – und in Kombination mit Limette oder anderen Zitrussäften einfach fantastisch für den Sommer. Sei es eine Prise in der Paloma oder gleich als Rand am Glas einer Margarita – Salz rundet Tequila perfekt ab!

Achten Sie beim Kauf auf den Zusatz »100% Agave«, denn nur diese reinen Agavenschnäpse besitzen das unverwechselbare Aroma eines guten Tequilas.

Lagerita

Ein wunderbarer Longdrink, der Biertrinker wie auch Cock-
tail-Liebhaber gleichermaßen begeistert. Als Basis dient eine
Margarita, die mit Bier, vorzugsweise mexikanischen Sorten
wie Corona oder Sol, aufgefüllt wird.

Rezeptur:
50 ml Tequila blanco
20 ml Orangenlikör
20 ml Limettensaft
120 ml helles Bier

Nach Belieben den Glasrand eines Highballglases mit einer
Limettenspalte befeuchten und anschließend in eine Schale
mit Salzflocken (Pyramidensalz oder Fleur de sel) tauchen.
Highballglas mit Eiswürfeln füllen.
Tequila, Orangenlikör und Limettensaft in einen Shaker
geben, mit Eiswürfeln füllen und 15 Sekunden kräftig schütteln. In das vorbereitete Glas abseihen und mit Bier auffüllen.

Margarita

Die Margarita hat ihren Namen der eigenen Herkunft im Cocktail-Universum zu verdanken, denn sie ist ein Sour, der nicht mit Sirup, sondern mit Likör gesüßt wird und damit zur Untergruppe der »Daisys« gehört. Die englische Daisy und die spanische Margarita bedeuten übersetzt dasselbe: Gänseblümchen.

»Frozen Margaritas« sind perfekt für heiße Sommertage. Sie werden mit Eiswürfeln oder gestoßenem Eis im Blender zu halbflüssigem Trinkeis gemixt. Häufig wird dieser gefrorenen Version Agaven-, Frucht- oder Zuckersirup zugefügt, was sie zusätzlich von der ursprünglich herzhaften Variante unterscheidet. Doch achten Sie darauf, dass Ihr Cocktail nicht zu einem zuckrigen Dessert mit Schuss verkommt.

Rezeptur:
60 ml Tequila blanco
30 ml Orangenlikör
20 ml Limettensaft

Den Rand eines vorgekühlten Margaritaglases oder einer Cocktailschale mit einer Limettenspalte befeuchten und anschließend in eine Schale mit Salzflocken (Pyramidensalz oder Fleur de sel) tauchen.

Tequila, Orangenlikör und Limettensaft in einen Shaker

geben, mit Eiswürfeln füllen und 15 Sekunden kräftig schütteln. Margarita in das vorbereitete Glas abseihen.

Morning Margarita

....

Ein ultimativer Durstlöscher, der durch Limetten- und Grapefruitsaft wunderbar herbe Noten und Leichtigkeit erhält. Im Gegensatz zur Lagerita, die ebenfalls auf Margarita-Basis gemixt wird, handelt es sich hier jedoch nicht um einen Longdrink, sondern um einen verlängerten Shortdrink.

Rezeptur:
50 ml Tequila blanco
10 ml Orangenlikör
30 ml Grapefruitsaft
20 ml Limettensaft
10 ml Agavendicksaft

Alle Zutaten in einen Shaker geben, mit Eiswürfeln füllen und 30 Sekunden kräftig schütteln. In einen mit Eiswürfeln gefüllten Tumbler oder straight up in eine Cocktailschale abseihen. Mit einer Orangenscheibe garnieren.

Tequila Sunrise

Schon in den 20er Jahren servierte man in Mexiko den Tequila Sunrise. Doch zur weltweiten Berühmtheit kam der
Cocktail erst 1972. Die Rolling Stones feierten den Auftakt ihrer Amerika-Tour in der Trident-Bar in Sausalito, wo sie den
Tequila Sunrise so serviert bekamen, wie wir ihn heute ken-
nen. Mick Jagger fand daran Gefallen und bestellte ihn et-
lichen weiteren Bars. Später nannten sie diese Tour »Kokain-
und-Tequila-Sunrise-Tour«.

Rezeptur:
45 ml Tequila blanco
90 ml Orangensaft
15 ml Grenadine

Tequila und Orangensaft in ein mit Eiswürfeln gefülltes
Longdrink- oder Highballglas geben. Behutsam Grenadine
floaten, nicht umrühren. Mit Orangenscheibe und Cocktailkirsche garnieren.

Teqroni

Wie der Boulevardier ist auch der Teqroni eine Abwandlung des Negronis, jedoch mit Tequila als Basisspirituose. Wie alle hochalkoholischen Getränke sollte auch dieser Pre-Dinner-Drink in kleinen Schlucken genossen werden.

Rezeptur:
30 ml Tequila blanco
30 ml Campari
30 ml roter Wermut

Tumbler mit Eiswürfeln füllen, alle Zutaten angießen und umrühren. Mit Orangen- oder Grapefruitzeste garnieren.

Paloma

Dieser Longdrink entwickelte sich in Mexiko wahrscheinlich schon seit den 50er Jahren zum Publikumsliebling, er ist schnell gemixt und reich an erfrischenden Bittertönen. Hierzulande blieb die Paloma in Ermangelung an Grapefruit-limonade relativ lange unbekannt.

Rezeptur:
60 ml Tequila blanco
20 ml Limettensaft
Prise Salz
120 ml Grapefruitlimonade

Tequila, Limettensaft und Salz in ein mit Eiswürfeln gefülltes Highballglas geben, umrühren und mit Grapefruitlimonade auffüllen. Mit Grapefruit- oder Limettenscheibe garnieren.

Wodka

Wodka ist ein farb- und relativ geschmackloses Destillat aus kohlenhydratreichen Rohstoffen, vorwiegend Getreide, Kartoffeln oder Melasse. Die hochwertigsten Destillate aus Roggen sind weich und leicht süßlich. Die Ursprünge führen ins 14. Jahrhundert nach Russland und Polen, bis heute die größten Wodka-Nationen der Welt. Damals brannte man Getreideüberschüsse zu Schnaps. Erst im 19. Jahrhundert verarbeitete man auch die aus Südamerika importierten Kartoffeln. Allmählich verbreitete sich die Spirituose nach Tschechien, Schweden, Finnland und in die Ukraine.

Nicht nur die Amerikaner ächzten unter ihrer Prohibition, auch in Russland wurde Alkohol, insbesondere Wodka, für einige Jahre verbannt. Schon im Russisch-Japanischen Krieg hatte Zar Nikolaus II. mit ansehen müssen, wie Trunksucht sein Heer schwächte. Kurz vor Ausbruch des Ersten Weltkriegs verbot er die Produktion aller alkoholischen Getränke.

In den folgenden elf Jahren der russischen Prohibition wanderten einige Brennereien aus, unter anderem in die USA, wo sie Wodka für die Versorgung der Exilrussen produzierten. Für Amerikaner blieb Wodka hingegen bis 1934 eine nahezu unbekannte Spirituose: Erst als die Brennerei Smirnoff in diesem Jahr in die USA umsiedelte und den kristallklaren Schnaps durch emsiges Marketing etablierte, kamen Amerikaner auf den Wodka-Geschmack.

Das Timing war perfekt, denn zeitgleich boomte der Cocktailtrend. Mangels eines charakteristischen Eigengeschmacks war die neue Spirituose prädestiniert, anderen Neueinführungen auf die Beine zu helfen, beispielsweise Ginger Beer Cranberrysaft oder Pfirsichlikör. Kein Wunder, dass Wodka-Klassiker – keiner älter als 80 Jahre – häufig als Marketingerfindungen ihren Weg in Cocktailkarten und -bücher gefunden haben.

Bloody Mary

Ein typischer Hangover-Drink, der nahrhaft genug ist, um als Mahlzeit durchzugehen. Um seine Entstehung und Namensgebung ranken sich verschiedene Legenden, nach einer soll die Bloody Mary den Spitznamen der blutrünstigen Maria Tudor tragen.

Die große Popularität in den USA und in Großbritannien verdankt der Cocktail allerdings den PR-Maßnahmen der Wodkamarke Smirnoff.

Rezeptur:
45 ml Wodka
100 ml Tomatensaft, gekühlt
15 ml Zitronensaft
3 Spritzer Worcestershire-Sauce
2 Spritzer Tabasco
Selleriesalz, Pfeffer

Alle Zutaten in einem mit Eiswürfeln gefüllten Rührglas 15 Sekunden umrühren und in einen gekühlten Tumbler abseihen. Nach Belieben mit Eiswürfeln servieren. Mit einer Selleriestange garnieren.

Clubland Cocktail

Ein eleganter Before-Dinner-Cocktail aus dem Jahr 1937. Namensgebend war die Portweinmarke Clubland, mit der dieser Cocktail ursprünglich zubereitet wurde.

Rezeptur:
50 ml Wodka
40 ml trockener, weißer Portwein
1 Spritzer Angostura Bitters

Alle Zutaten in ein mit Eiswürfeln gefülltes Rührglas geben und 30 Sekunden umrühren. In eine vorgekühlte Cocktailschale abseihen. Mit Orangenzeste garnieren.

Cosmopolitan

Vorläufer dieses frischen Cocktails existierten bereits seit 1934, damals noch mit Himbeersirup anstelle von Cranberrynektar. Anfang der 90er Jahre wurde Wodka durch den gerade in Mode gekommenen, aromatisierten Zitruswodka ausgetauscht, und wenig später wurde der Cosmopolitan durch die Fernsehserie »Sex and the City« weltberühmt.

Rezeptur:
45 ml Zitruswodka
15 ml Orangenlikör
15 ml Limettensaft
30 ml Cranberrynektar

Alle Zutaten in einen Shaker geben, mit Eiswürfeln füllen und 15 Sekunden kräftig schütteln. In eine vorgekühlte Cocktailschale abseihen und mit Orangen- oder Zitronenzeste garnieren.

Moscow Mule

Ein süffiger Durstlöscher, dessen Charakter von seinem Filler, dem Ginger Beer, und nicht durch die Spirituose geprägt wird. Ginger Beer ist verglichen mit Ginger Ale deutlich kräftiger und schärfer, wer es lieber sanft mag, greife zu zweitem.

Kreiert wurde der Moscow Mule in Hollywood in den 40er Jahren, um den Verkauf von Ginger Beer und des bis dato in den USA unbedeutenden Wodkas anzukurbeln. Selbst die Kupferbecher, die inzwischen unabdingbar mit dem Moscow Mule verknüpft sind, waren Teil der Marketingstrategie und wurden an Bars gleich mitgeliefert.

Rezeptur:
45 ml Wodka
10 ml Limettensaft
120 ml Ginger Beer

Wodka und Limettensaft in einen mit Eiswürfeln gefüllten Kupferbecher oder ein Highballglas geben und mit Ginger Beer auffüllen. Einmal umrühren. Mit Limettenspalte garnieren.

Black Russian

Dieser bittersüße Cocktail und After-Dinner-Drink hat mit Russland nur den Wodka gemein. Ansonsten wurde er 1949 im Hotel Metropole in Brüssel zu Ehren der damaligen amerikanischen Botschafterin von Luxemburg, Perle Mesta, kreiert, einer millionenschweren Erbin, die für ihre ausschweifenden Partys mit hochrangigen Gästen aus Politik und Gesellschaft bekannt war.

Es gibt diverse Abwandlungen, die bekannteste ist der White Russian, der mit 30 ml frischer Sahne gefloated wird. 1998 erlangte dieser durch den Film »The Big Lebowski« einen medialen Push. An Wintertagen wird der White Russian gelegentlich mit heißem Kaffee zubereitet, im Sommer mit Vanilleeis. Der Trend zur Individualität lässt sich auch bei weiteren

Alternativen erkennen: Als Sahne-Ersatz kommt von fettfreier Milch (Anna Kournikova) über Mandelmilch (Silk Anna Kournikova) bis hin zur Ziegenmilch (White Canadian) alles ins Glas, was weiß und genießbar ist.

Rezeptur:
50 ml Wodka
20 ml Kaffeelikör, z. B. Kahlúa

Wodka und Kaffeelikör in ein mit Eiswürfeln gefülltes Gästeglas (Tumbler) geben und einmal umrühren.

Espresso Martini

Süß, dem Black Russian recht ähnlich, dabei aber etwas herber und mit einer herrlich weichen Schaumkrone kommt der Wachmacher daher, für den man bedenkenlos jedes Dessert stehen lassen würde. Der britische Barkeeper Dick Bradsell, der auch für den Gin-Cocktail Bramble verantwortlich war, erfand den Espresso Martini 1984 in London, ursprünglich nannte er ihn Wodka Espresso.

Für den perfekten Schaum hilft nur eifriges Shaken, doch Vorsicht: Um den Drink nicht zu verwässern, empfiehlt es sich, ihn nach 15 Sekunden abzuseihen und gegebenenfalls noch einmal 10 Sekunden ohne Eis (Dry Shake) zu schütteln.

Rezeptur:
50 ml Wodka
30 ml Kaffeelikör, z. B. Kahlúa
30 ml frisch gebrühter Espresso
5 ml Zuckersirup

Alle Zutaten in einen Shaker geben, mit Eiswürfeln füllen und 15 Sekunden kräftig schütteln. In ein vorgekühltes Martiniglas abseihen und mit 3 Espressobohnen garnieren.

Glossar

Abseihen = durch das Cocktailsieb gießen

Doppelt abseihen = beim Abseihen zusätzlich ein feines Teesieb zwischen Shaker und Gästeglas halten

Layern = schichten

Floaten = übergießen

Straight up = ohne Eiswürfel

On the rocks = mit Eiswürfeln

Twist = Zitruszeste

Filler = Getränke ohne oder mit geringem Alkoholgehalt, mit denen Longdrinks aufgefüllt werden, z. B. Soda, Limonade, Fruchtsaft, Bier

Rührglas = becherförmiges Glas, meist mit Ausgießer, für die Zubereitung von Cocktails, deren Zutaten durch Rühren vermischt und mit Eiswürfeln gekühlt werden

Shaker = Mixbecher für die Zubereitung geschüttelter Cocktails

Boston Shaker = Mixbecher aus einem größeren Metallbecher und einem etwas kleineren Mixglas, das auf den Metallbecher gestülpt wird. Der Umgang mit dem Boston Shaker erfordert etwas Übung. Das Mixglas kann auch als Rührglas verwendet werden. Vorwiegend in den USA gebräuchlich.

Cobbler Shaker = dreiteiliger Barshaker, der aus einem großen Metallbecher, einem Aufsatz mit integriertem Sieb und einer Verschlusskappe besteht. Vorwiegend in Japan und für den Hausgebrauch.

French Shaker = zweiteiliger Metallshaker aus einem großen Mixbecher und einem kleinen, geschlossenen Aufsatz. Enthält kein integriertes Sieb. Vor allem in Europa gebräuchlich.

Barsieb = passendes Sieb für Boston und French Shaker, das zum Abseihen der Cocktails ins Cocktailglas benutzt wird.

Utensilien

Bevor es ans Mixen geht, sollten Sie neben einem Shaker mit Barsieb und einem Rührglas folgende Utensilien griffbereit haben:

Barmaß
Auch »Jigger«. Dient dazu, den Cocktail nicht Pi mal Daumen, sondern nach Rezept zuzubereiten. Wer sich auf sein Gefühl verlassen will, kommt ohne klar. Der spezielle Messbecher hat zwei unterschiedlich große Seiten, in der Regel ein Maß mit 20 ml und eines mit 40 ml.

Zitruspresse
ist für geschüttelte Cocktails nahezu ständig im Einsatz.

Kleines Schneidebrett und Messer
um Früchte aufzuschneiden und Garnituren zuzuschneiden.

Sparschäler
schneidet die Schale von Zitrusfrüchten als breite Zesten ab.

Barlöffel
entspricht als Maßeinheit einem Teelöffel, hat jedoch einen längeren Stiel mit verdicktem Ende. Kann sowohl zum Abmessen, zum Rühren als auch als Stößel verwendet werden.

Feines Teesieb
wird benötigt, wenn feine Eissplitter oder Partikel zurückgehalten werden sollen, z. B. bei geschüttelten Cockteils, die eigentlich gerührt werden (Martini geschüttelt).

Eiszange
Nice to have; es sieht einfach eleganter aus, Eiswürfel mit einem gezielten Griff ins Glas oder in den Shaker gleiten zu lassen, als mit einem Löffel oder gar mit den Fingern hineinzubugsieren.

Das richtige Glas

Auch wenn Sie zuhause bei der Wahl des Cocktailglases nicht allzu dogmatisch sein müssen, schön ist es doch, wenn Sie das eine oder andere griffbereit haben:

Das spitz zulaufende und elegante *Martiniglas* ist der Inbegriff eines Cocktailglases. Der zarte Stiel, das dünne Glas verleiten zu andächtigen, kleinen Schlückchen. Mit seinem Fassungsvermögen von gerade mal 150 ml signalisiert es, dass sich eine kleine Kostbarkeit drin befindet.

Das abgerundete *Margaritaglas* ähnelt dem Martiniglas in Form und Verwendung.

Auch die *Cocktailschale* bzw. *Coupette* kommt wie ein Martiniglas zum Einsatz, stellt mit ihren 200 ml Fassungsvermögen jedoch etwas mehr Platz zur Verfügung.

Tumbler, zu denen auch das *Old-Fashioned-Glas* gehört, sind universell einsetzbar, liegen wunderbar in der Hand und verleihen einem Cocktail das Gefühl zeitloser Erhabenheit. Sie werden oft für Cocktails verwendet, die auf Eis serviert werden, und sind in verschiedenen Größen mit einem Inhalt von 250 bis zu 400 ml erhältlich. Auch Highballs bzw. Longdrinks werden in ihnen serviert.

Die schlanken *Highball-* und *Longdrinkgläser* werden meist mit Eiswürfeln oder gestoßenem Eis befüllt und nach Belieben mit oder ohne Strohhalm serviert. Sie fassen zwischen 250 und 350 ml und sind ideale Partygläser.

Das *Champagnerglas* ist wie zu erwarten ideal für Schaumwein-Cocktails, da die enthaltene Kohlensäure in den schmalen, nach oben hin verjüngenden Gläsern nicht so schnell entweichen kann. Verwenden Sie für Cocktails wenn möglich Champagnergläser mit einem Inhalt von mind. 200, besser noch 250 ml.

Egal ob Mint Julep oder Prince of Wales – ein Cocktail im *Silberbecher* ist ein Hingucker. Silber leitet Temperatur besser als jedes andere Glas, beschlägt daher in Sekundenschnelle und steigert die Vorfreude auf den ersten, erfrischenden Zug immens. Ähnlich verhält es sich mit den deutlich preiswerteren *Kupferbechern*.

Glasbecher mit Henkel sind für heiße Cocktails wie den Irish Coffee oder den Hot Buttered Rum geeignet.

Sirup-Grundrezepte

Zuckersirup
Zwei Teile Zucker mit einem Teil Wasser in einem Topf leicht erwärmen, jedoch nicht kochen. Gelegentlich umrühren, bis sich der Zucker gelöst hat. Abkühlen lassen und in eine verschließbare Flasche füllen. Kaltstellen.

Honigsirup
Wie Zuckersirup, jedoch mit Akazienhonig anstelle von Zucker.

Vanillesirup

Eine halbe Vanilleschote der Länge nach aufschneiden und mit Zuckersirup in einem Topf leicht erwärmen, jedoch nicht kochen. Abkühlen lassen und mit der Vanilleschote in eine verschließbare Flasche abfüllen. Kaltstellen.

Himbeersirup

300 g gefrorene oder frische Himbeeren mit 50 ml Zitronensaft und 50 ml Wasser in einem Topf aufkochen, vom Herd ziehen und abkühlen lassen. Fruchtmark durch ein Sieb passieren, abmessen und mit der doppelten Menge Zucker erhitzen, bis der Zucker sich aufgelöst hat. Sirup abkühlen lassen und in verschließbare Flaschen füllen. Kaltstellen.

Weitere Cocktailkategorien

Nach Größe

Longdrinks

Sie bestehen meist aus einer Spirituose, die mit Eiswürfeln und einem Filler in Form von Soda, Limonade, Saft oder leicht alkoholischen Getränken wie Bier oder Cider aufgefüllt werden. Schnell gemixt und gut gegen den Durst sind sie mit 200-300 ml ideale Party- und Sommerdrinks. Streng genommen nur eine Cocktailvariante, keine Cocktailkategorie.

Shortdrinks
Hochprozentige Cocktails, die geschüttelt oder gerührt mit ca. 150 ml in ein Martiniglas oder eine Cocktailschale passen. Genuss statt Masse. Sie verdienen sowohl bei der Zubereitung als auch beim Konsumieren Aufmerksamkeit – und gute Grundprodukte.

Shooter oder Shots
Eine Variante der Shortdrinks. Ihre Zutaten sind allesamt alkoholischer Natur, sie werden serviert im kleinen Gläschen, sind zum raschen Herunterspülen gedacht und sollen für krachend gute Partystimmung sorgen ... auch wenn der Schuss manchmal nach hinten losgeht.

Nach Anlass

Appetitanregend
Vor dem Essen passt ein *Before-* oder *Pre-Dinner-Drink,* auch *Aperitif-Cocktail* genannt, meist herb-frische oder prickelnde Mixturen wie der Martini (S. 41), der Negroni (S. 42) oder der French 75 (S. 46).

Nachzügler
Sie heißen *After-Dinner-Drinks, Digestif-* oder *Dessert-Cocktails* und werden nach dem Essen gereicht. Süß und schwer wie beispielsweise der Black Russian (S. 78), könnten sie ein Dessert ersetzen. Aber auch hochprozentige Shortdrinks, einem Verdauungsschnäpschen gleich, eignen sich

als Digestif-Cocktails, beispielsweise ein Old Fashioned (S. 13).

Muntermacher

Auch *Pick-me-ups* genannt, sind sie in der Regel herzhafte Cocktails, die nach einer durchzechten Nacht wieder auf die Beine helfen sollen. Das berühmteste Beispiel ist wohl die Bloody Mary (S. 75).

Nach Grundstruktur

Julep

Süßes Erfrischungsgetränk. Die ersten, wohlgemerkt: alkoholfreien Juleps tauchten im Süden der USA Ende des 16. Jahrhunderts auf, das arabische »Gul-ab«, Rosenwasser, stand Pate. Im Laufe der Zeit fanden Spirituosen ihren Weg in den Julep, zuerst Rum, später Brandy oder Whiskey. Doch seinen Durchbruch hatte der Julep einer anderen Zutat zu verdanken: Eis vom zugefrorenen Wenham Lake in Massachusetts oder von der Arktis wurde ab Mitte des 19. Jahrhunderts verfügbar und machte den Julep zum angesagtesten Durstlöscher der Südstaaten.

Punch

Das indische »Pantsch« bedeutet »fünf« und steht hier für die Anzahl seiner Zutaten: Spirituose, Zitrussaft, Zucker, Gewürze und Wasser. Ausgerichtet auf Trinkgelage in größerer Runde, wurden Punches in Schüsseln serviert, den Punchbowls, von denen sich natürlich unsere Bowle ableitet. Im Laufe der Zeit fielen Punch-Rezepturen vielfältiger und die zubereiteten Mengen kleiner aus.

Old Fashioned
Ursprünglich hieß er Whiskey-Cocktail und war ein Vertreter der damals noch eigenständigen Mischgetränk-Kategorie Cocktail, die aus Spirituose, Zucker, Wasser und ein paar Tropfen eines Bitters bestanden. Der Begriff »Cocktail« veränderte jedoch seine Bedeutung, wurde später zum Überbegriff für alle Mixgetränke und der Old Fashioned Stellvertreter für eine Gruppe von Cocktails, bei denen der Whiskey durch andere Spirituosen, vorzugsweise fassgelagerte Brände wie Rum oder Brandy, ersetzt werden kann.

Sour
Eine der größten Cocktailkategorien mit mehreren Untergruppen ist die der Sours, bestehend aus Spirituose, Zitronen- oder Limettensaft und Zuckerquelle, ungefähr im Verhältnis 6:3:2. Berühmteste Vertreter sind Whiskey Sour und Daiquiri.

Wermut-Cocktail
1876 erfand Antonio Benedetto Carpano in Turin den Wermut, ein liebliches Getränk mit bitteren Noten und hellroter Farbe aus Wein, Alkohol, Kräuterauszügen und Zucker. Später kamen französische helle Wermut-Sorten hinzu, darunter auch trockene Varianten. Ende des 19. und Anfang des 20. Jahrhunderts entstanden – dem Wermut sei Dank – zahl-

reiche herbsüße, elegante und teilweise hochalkoholische Cocktails. Zu ihnen gehören die beiden Ikonen Martini und Negroni.

Champagner-Cocktails
Ein heterogener Haufen vorzüglicher Cocktails mit höchst unterschiedlicher Basis: ein Sour-Mix beim French 75, ein Punch beim Old Cuban oder einfach nur ein Old Fashioned beim Prince of Wales, denen mit einem kleinen oder größeren Schluck Champagner Leben eingehaucht wird.

Vereint durch den Schaumwein, besitzen sie allesamt ein wundervoll aufheiterndes Element, das in manchen Fällen den nicht zu verachtenden Alkoholgehalt gekonnt überspielt.

Highballs
Highballs wie Paloma, Whisky Soda oder Cuba Libre bestehen aus einer Spirituose, einem nicht oder nur leicht alkoholischen Filler und Eis. Sie ähneln einem Longdrink und oft werden beide Begriffe synonym verwendet. Jedoch sind Highballs vom Barkeeper fertig gemischte Cocktails und fallen etwas kleiner aus als Longdrinks. Bei Longdrinks wandern Eis, Spirituose und nach Belieben Zitronenspalte, Gurkenscheibe oder Minzblatt ins Glas, der Filler hingegen wird separat gereicht, der Gast mischt sich seinen Drink selbst.

Bucks
Inzwischen nach seinem berühmtesten Vertreter Moscow Mule auch »Mules« genannt sind sie eine Untergruppe der

Highballs, enthalten stets Zitronensaft und werden mit Ginger Ale aufgefüllt.

Herzhafte Cocktails
Bekannt als »Pick-me-ups« oder »Hangover-Cocktails«. Sie sollen wirksam gegen Katersymptome sein. Man tut sicherlich gut daran, dies zu bezweifeln. Bestehend aus Spirituosen, Gemüsesäften oder Brühen und Gewürzen, sind sie geeignete Partygetränke, da sie Drink und Suppe quasi vereinen und man noch eine Hand frei hat.

Entstehungszeit

Die International Bartenders Assosiation (IBA) teilt Cocktails grob nach ihrer Entstehungszeit in die Kategorien der *Unforgettables, Contemporary Classics* und *New Era Drinks* ein. Auch bei dieser Einteilung gibt es keine klare Trennlinien und es existieren zeitliche Überschneidungen.

Inhalt